Edición original: Mango Jeunesse

Título original: *La météo*

Adaptación: Anna Gasol

© 2002 Mango Jeunesse

© 2005 Combel Editorial

   Caspe, 79 - 08013 Barcelona

Primera edición: febrero de 2005

ISBN: 84-7864-922-0

Printed in France by PPO Graphic, 93500 Pantin

¿Qué es?

La meteorología

Textos de Emmanuel Bernhard
Ilustraciones de Peter Allen

Combel
EDITORIAL

El viento, la lluvia, el hielo...
La meteorología tiene muchas caras.
¡Es difícil predecir qué tiempo hará!
Es una combinación de sol, aire y agua.
¿Cómo se origina el viento? ¿Qué es un relámpago?
¿Por qué hace tanto frío en el Polo Norte?
Realiza los experimentos del libro y descubrirás los
misterios de la meteorología.

¡QUÉ CALOR!

Gracias al calor del sol,
los cereales maduran.
Es entonces cuando se pueden
recoger. El sol es el radiador
de La Tierra y sin él haría tanto
frío que los océanos se congelarían.
Para medir la temperatura,
utilizamos el termómetro.

¿Sabías que...?
En 1742, un científico sueco
llamado Anders Celsius construyó
un termómetro. Decidió que la
temperatura del agua al congelarse
sería de 0 grados, y de 100 grados la
temperatura del agua en ebullición.
Actualmente, éstos son dos
valores para medir
la temperatura.

Construye un termómetro

Necesitas:
- una botella de cristal
- una pajita
- plastilina
- agua
- un rotulador

1 Moldea la plastilina para ablandarla. Dale forma de salchicha pequeña y enróllala alrededor de la pajita para hacer un tapón.

2 Llena la botella de agua. Mete el tapón de plastilina en la botella. Entonces, el agua subirá por la pajita. Húndela hasta que el agua llene la mitad de la pajita.

El agua está formada por unas minúsculas partículas llamadas moléculas. Son tan pequeñas que no las podemos ver. Pero con el calor las moléculas se mueven más y necesitan un mayor espacio. La botella no cambia de tamaño, por eso las moléculas buscan espacio y suben por la pajita. Así pues, cuando hace calor, el nivel del agua sube, y cuando hace frío, baja.

3 Marca el nivel del agua con el rotulador. Pon la botella en un lugar soleado o encima de un radiador durante una hora. Fíjate en el nivel del agua y vuélvelo a marcar. ¿Es el mismo nivel?

4 Mete la botella en la nevera durante una hora. ¿Qué sucede con el nivel del agua?

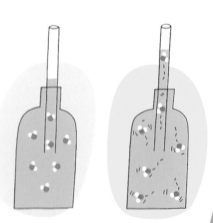

LA PRESIÓN

Lea nos presenta un mapa meteorológico. En la parte inferior aparece España. Arriba a la izquierda, el remolino de nubes indica una zona de bajas presiones. La presión es el peso del aire que hay sobre nosotros. Mediante la presión podemos realizar una previsión del tiempo.

Necesitas:
- un vaso
- agua
- un trozo de cartón
- tijeras

1 Corta en el cartón un círculo un poco más grande que el vaso.

2 Llena el vaso de agua. En el fregadero, pon el cartón encima del vaso. Presiona el cartón con la mano.

3 Sin dejar de apretar, da la vuelta al vaso con cuidado.

Adivinanza
La primera palabra
es un título nobiliario sin la última letra.
La segunda mide la longitud.
La palabra completa sirve para medir
la presión atmosférica.

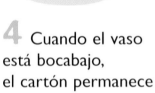

4 Cuando el vaso está bocabajo, el cartón permanece unido al vaso.

El barómetro
(barón-metro).
La aguja se mueve cuando la presión
cambia. Si la presión aumenta, hay
buen tiempo. Si baja,
hay mal tiempo.

¡Increíble! El cartón se aguanta solo. ¿Cómo? Gracias al aire que lo rodea. El aire, al igual que el agua, está formado por minúsculas partículas: las moléculas. Sin embargo, a diferencia del agua, no permanecen en el fondo de los recipientes. Vuelan, chocan con todo y salen en sentido contrario. Cuando chocan con los objetos, empujan hacia arriba. Es la presión. El aire que hay bajo el cartón impide que éste se caiga. Para los meteorólogos, es importante conocer la fuerza de esta presión. En realidad, cuando la presión cambia, el tiempo también.

UN POCO DE VIENTO

El aire que nos rodea recibe el nombre de *atmósfera*.
Es una mezcla de distintos gases: nitrógeno, oxígeno,
vapor de agua... En general, no lo sentimos y apenas
nos acordamos de su existencia. Sin embargo,
percibimos sus efectos en el instante en que se
desplaza: mueve las hojas de los árboles y nos despeina.
Es el viento.

Origina viento

Necesitas:
- una botella de agua de plástico
- un alfiler
- cinta adhesiva
- un congelador

1 Agujerea la botella vacía con el alfiler. Tapa el agujero con cinta adhesiva.

2 Desenrosca el tapón de la botella y ponla cinco minutos en el congelador. Luego, saca la botella y enrosca el tapón.

3 Espera diez minutos a que la botella se caliente. Quita la cinta adhesiva y pon rápidamente los labios en el pequeño agujero. ¿Notas la corriente de aire?

¿De dónde sale esa corriente de aire? Al sacar la botella del congelador, está llena de aire frío. Cuando el aire vuelve a calentarse, necesita más espacio. En la botella cerrada, hay muchas partículas de aire y muy poco espacio. Al quitar la cinta adhesiva, las partículas sobrantes se escapan. Es la corriente de aire. En la naturaleza, observamos muchas veces el mismo fenómeno: en algunas regiones, el aire es más cálido que en otras cercanas. Ello puede originar vientos.

¿Verdadero o falso?
Mistral, alisios y siroco son nombres de vientos.

Verdadero: En el delta del Ebro, el mistral es un viento frío que llega del norte y se va hacia el mar. En las zonas tropicales, los alisios soplan del este. En el Mediterráneo, el siroco es el viento cálido del sur.

¡SE AVECINA UNA TEMPESTAD!

Cuando hay tempestad, el viento puede desplazarse más deprisa que un coche. ¡Adquiere una fuerza increíble! Es capaz de arrancar los árboles de raíz o de derribar los tejados de las casas. Para medir la velocidad del viento, se utiliza un aparato que se llama *anemómetro*.

Necesitas:
- dos pelotas de pimpón
- un cuchillo
- cinta adhesiva
- tres pajitas
- un alfiler

1 Pide a un adulto que corte cada pelota por la mitad, con la ayuda del cuchillo.

2 Coloca el extremo de una pajita sobre la mitad de una pelota y únela con cinta adhesiva. En el otro extremo de la pajita realiza la misma operación con la mitad que falta de la pelota. Haz lo mismo con la otra pajita y las otras dos mitades de pelota.

3 Pon las dos pajitas en forma de cruz. Las mitades de las pelotas no deben estar una frente a la otra. Sujeta el centro de la cruz con cinta adhesiva para que aguante.

4 Clava el alfiler en el centro de la cruz. Coloca el extremo de la aguja en la tercera pajita. Cuando el viento sople, tu anemómetro girará.

¿Sabías que...?
Los ciclones son tormentas tropicales violentas. Los vientos arremolinados pueden soplar hasta 200 km/h. En el Caribe, reciben el nombre de *huracanes*, en el extremo Oriente se llaman *tifones* y en Australia *willy-willies*.

Cuanto más sopla el viento, más deprisa gira el anemómetro. Si medimos la velocidad a la que gira, podemos calcular la velocidad del viento. Cuando el viento sopla a 5 kilómetros por hora (km/h), desvía el humo de una hoguera. Si sopla a 15 km/h, las banderas ondean, y a 30 km/h los árboles se balancean. A 50 km/h es muy difícil andar. A 80 km/h las chimeneas caen y las tejas vuelan. A 100 km/h el viento derriba los árboles.

CIELO CUBIERTO

Los ríos desembocan en los océanos. A pesar de ello, los océanos no se desbordan nunca. ¿Por qué? Porque el agua de los océanos se calienta gracias al sol, se transforma en vapor y sube a la atmósfera. Forma las nubes y, cuando están llenas de agua y el aire es frío, llueve o nieva. Entonces, el agua vuelve a los ríos y después a los océanos.

Ocasiona lluvia

1 Corta un trozo de plástico suficientemente grande como para tapar el cazo.

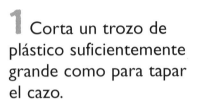

2 Abre el grifo de agua caliente y, cuando ésta salga, llena el cazo hasta la mitad.

3 Pide a un adulto que cubra el cazo con el plástico. Observa qué sucede bajo éste…

El agua está formada por partículas diminutas. Suelen agruparse unas con otras y forman un líquido. Pero algunas vuelan por el aire, sobre todo cuando hace calor. Entonces forman un gas, el vapor. Al chocar contra el plástico frío, las partículas se agrupan de nuevo y forman gotas de agua. Cuando son suficientemente grandes, vuelven a caer en el cazo como si fuera lluvia.

Otro experimento

Un pluviómetro sirve para saber la cantidad de lluvia que ha caído. Para fabricar uno, pon un vaso vacío en el exterior. Tras la lluvia, mide la altura del agua en el vaso.

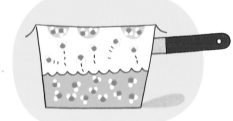

¡CUÁNTA ESCARCHA!

Algunos días de invierno, el campo amanece completamente blanco, a pesar de que, durante la noche, no haya llovido ni nevado. ¿De dónde sale esa capa de hielo que cubre los árboles?

Observa cómo se forma la escarcha

Necesitas:
- una lata de conserva vacía
- cubitos
- un trapo
- un rodillo de pastelería
- una cucharadita de sal

1 Cubre los cubitos con un trapo. Usa el rodillo de pastelería para trocearlos.

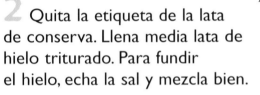

2 Quita la etiqueta de la lata de conserva. Llena media lata de hielo triturado. Para fundir el hielo, echa la sal y mezcla bien.

¿Sabías que...?
El pasado siglo, el americano Wilson Bentley fotografió miles de copos de nieve sin encontrar dos idénticos. Su forma depende de la temperatura. Cuando el aire es muy frío, adoptan la forma de un alfiler. ¡Cuando el aire es menos frío, parecen estrellas!

3 Espera unos minutos. ¿Qué aparece en el exterior de la lata?

Por las paredes exteriores de la lata aparece escarcha. Sabes que, cuando el hielo se calienta, se transforma en agua líquida. Y si la temperatura del agua aumenta se convierte en vapor. Aquí se produce el fenómeno inverso. El aire que nos rodea contiene vapor. Cuando este vapor entra en contacto con la lata, se enfría y se transforma en líquido. Después, como la lata está helada, las gotitas se vuelven tan frías que se hielan.

DESCARGA ELÉCTRICA

¡Ojo, una tormenta con aparato eléctrico! El rayo es una corriente eléctrica. Para llegar al suelo suele seguir el camino más corto. Por eso, se dirige hacia los objetos más elevados. No debemos cobijarnos nunca bajo un árbol. Siempre estaremos más seguros dentro del coche o en casa, porque el rayo los rodea pero no los atraviesa.

Necesitas:
- un globo
- un jersey de pura lana virgen
- un tenedor metálico

1 Debes realizar el experimento en la oscuridad. Antes de apagar las luces, infla el globo y pide a un adulto que le haga un nudo. Pon el jersey de lana y el tenedor encima de la cama.

2 Apaga la luz. Coge el globo con una mano y el tenedor con la otra. Frota el globo sobre el jersey unas veinte veces.

☀ ¿Sabías que...?

Cuando hay una descarga eléctrica, el rayo y el trueno se producen al mismo tiempo. Pero como la luz viaja más deprisa que el sonido, vemos el rayo antes de oír el trueno. Para saber a qué distancia está la tormenta, cuenta los segundos que separan el rayo del trueno, y luego divídelo entre tres. Si hay seis segundos, la tormenta está a dos kilómetros.

3 Acerca el tenedor al globo muy lentamente. ¿Oyes las chispas? ¿Ves los pequeños destellos azules?

4 Si no ves nada, frota un poco más el globo o inténtalo con otro jersey. ¡Seguro que al final te sale bien!

Al frotar el globo contra el jersey, se carga de electricidad. Entonces, al acercar el tenedor, la electricidad del globo se dirige a éste. Es el mismo fenómeno que tiene lugar en una nube: las gotas de agua que circulan en su interior se cargan de electricidad. Cuando hay un exceso de electricidad, se forma una corriente hacia otra nube o hacia el suelo: un rayo.

LOS CLIMAS

Las previsiones meteorológicas hacen referencia al tiempo que hará: «Mañana, hará buen tiempo». El clima es el tiempo que ha hecho en un lugar durante unos años: «En el desierto escasea la lluvia; en los polos, la nieve no se funde; en el Ecuador, hace calor y hay humedad...».

Récords del mundo

El lugar más helado del mundo es Vostok, cerca del Polo Sur. En 1983 alcanzó 89 grados bajo cero. En África, en el desierto del Sahara, sucede todo lo contrario: en 1922, ¡la temperatura llegó a 58 grados!

Necesitas:
- una linterna
- un globo inflado
- un rotulador

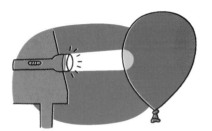

1 Coloca una linterna en el extremo de una mesa. Sujeta el globo de forma que la luz ilumine la parte del centro.

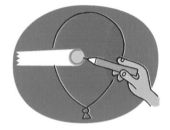

2 Marca con el rotulador el contorno del haz de luz.

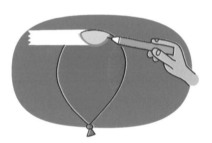

3 Baja un poco el globo, para que ilumine la parte de arriba. Señala el haz de luz. ¿Son iguales?

Cuando la luz llega a la parte central del globo, la zona iluminada es pequeña y concentrada. En la parte superior, la mancha del haz de luz aumenta. Sucede igual cuando los rayos de sol iluminan La Tierra.

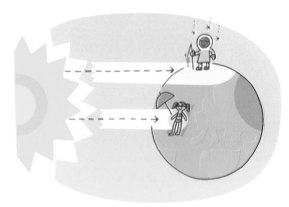

Llegan más concentrados al Ecuador que a los polos. Por eso, aportan más calor y el clima es más caluroso. Europa está situada entre el Ecuador y el Polo Norte. Decimos que su clima es templado: ¡unas veces frío y otras cálido!

EL CAMBIO DE ESTACIÓN

Primavera, verano, otoño, invierno... Las estaciones se suceden y no se parecen. ¿Por qué hace más calor en verano que en invierno?

Necesitas:
- una manzana
- una pelota de pimpón
- un rotulador

1 Colorea una mitad de la pelota de pimpón con el rotulador.

2 La manzana representa el sol y la pelota, La Tierra. Coloca la manzana sobre la mesa. Sujeta la pelota de forma que la mitad coloreada quede en la parte superior, un poco inclinada hacia la manzana.

3 Que la pelota dé media vuelta alrededor de la manzana. ¿La mitad coloreada está siempre inclinada hacia la manzana?

¿Verdadero o falso?
En Argentina y Australia, el invierno empieza el mes de junio.

4 ¿Y si le haces dar media vuelta más?

Verdadero. Argentina y Australia están situadas en la mitad sur de La Tierra. Durante el mes de junio el mes de junio esa mitad da la espalda al sol; ¡es invierno!

La Tierra da la vuelta al sol en un año. Si existen las estaciones es gracias a que La Tierra está inclinada. Durante el mes de junio, la mitad norte de La Tierra permanece de cara al sol. En la península Ibérica, que está en esa mitad, hace calor y es verano. Seis meses más tarde, La Tierra ha dado media vuelta alrededor del sol. Entonces, la mitad norte da la espalda al sol: hace más frío y es invierno. Y seis meses más tarde, La Tierra termina de dar la vuelta y el norte recupera el verano.

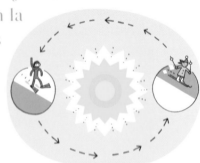

Y si las previsiones
meteorológicas no existiesen...

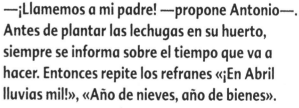

Antonio pasa las vacaciones con Lea. Preparan todo lo necesario para ir mañana a dar una vuelta por el bosque. De repente...

—¡Vaya! —exclama Lea—. No hemos visto la previsión del tiempo en la televisión. ¿Me pongo una camiseta o el impermeable naranja?

—¡Llamemos a mi padre! —propone Antonio—. Antes de plantar las lechugas en su huerto, siempre se informa sobre el tiempo que va a hacer. Entonces repite los refranes «¡En Abril lluvias mil!», «Año de nieves, año de bienes».
—¿Funciona?
—¡Uf! En casa solemos decir: ¡Si quieres saber qué tiempo hará, no busques a papá!

—Podemos llamar a tía Elisa —sugiere Lea—. Vive en la montaña y allí tienen que prevenir los aludes. Cuando no ve la previsión meteorológica observa los animales: si las golondrinas vuelan bajo, señal de lluvia. Y cuando el gato ronronea, significa que hará calor.
—¿Funciona?
—¡No demasiado! ¡Su gato se pasa el día ronroneando!

—Mi padrino navega a bordo de un velero y conoce los vientos —explica Antonio—. Nos avisa del tiempo, observando la forma de las nubes y la dirección del viento. Si el cielo está rosáceo por la noche, significa que al día siguiente hará buen tiempo.

—¿Funciona?

—¡No siempre, pero más que con papá!

—¡Tenemos que llamar a mi tío Pablo! —exclama Lea—. Es piloto y, antes de volar, tiene que saber qué tiempo hará. Los expertos en meteorología le preparan mapas gracias a la información de los satélites, los barómetros, los termómetros...

—¿Funciona?

—¡Son los que lo hacen mejor!

—Bueno, yo... —musita Antonio—, sé cuál es la mejor forma de conocer el tiempo que hará mañana. Sólo es necesario ir a dormir...

—¿Dormir?

—¡Claro! Cuando mañana nos levantemos, sólo tenemos que mirar por la ventana y lo veremos...

Créditos de fotografía